AF370979

A MONSIEUR

LE PRÉVÔT DE PARIS,

O U

M. PETIT DE LA HONVILLE,

LIEUTENANT PARTICULIER AU CHATELET,

Nommé par Sentence du 11 Janvier 1775, & Lettres-Patentes du 30, enregiftrées au Parlement de Paris, les Grand'Chambre & Tournelle affemblées, le 1er Février dernier, pour juger le Procès criminel entre M. le Maréchal Duc de Richelieu, la Dame de Saint-Vincent, & autres co-Accufés.

SUPPLIE humblement JULIE DE VILLENEUVE DE VENCE, époufe de Meffire JULES DE FAURIS DE SAINT-VINCENT, Préfident à Mortier au Parlement d'Aix :

DISANT, qu'ayant établi, par fes interrogatoires,

A

récolement & confrontation, son innocence des faits graves dont l'accuse M. le Maréchal Duc de Richelieu, elle se propose de convaincre ses Juges & le Public, que l'accusation de M. le Maréchal Duc de Richelieu n'a aucun fondement solide ; que les dépositions qui en font la base sont mendiées & les témoins subornés. Elle offre d'en faire la preuve, qui, suivant un Jurisconsulte, forme une *exception péremptoire qui détruit les charges, & par conséquent, la preuve* du délit, s'il en existe (1).

Les Loix & les Arrêts (2) qui laissent à l'Accusé la faculté de prouver la subornation des témoins, *enjoignent aux Juges d'en instruire la plainte, & de ne la pas joindre au fond.*

La Suppliante a eu le malheur d'écouter les propositions que M. le Maréchal Duc de Richelieu, en qualité de son parent, lui a réitérées, par plusieurs lettres, de la faire, par son crédit, enlever du Couvent de Millau, où sa famille l'avoit déposée comme dans un lieu sacré & inviolable ; elle ne pensoit pas qu'en desirant sa liberté, M. le Maréchal, qui s'offroit de la lui procurer malgré tous ses autres parens, seroit le plus empressé à la lui faire perdre, par une accusation de la nature de celle qui, depuis plus de six mois, la retient dans l'horreur des prisons.

---

(1) Me Jousse, sur l'Ordonnance de 1690, tit. 28, art. 1.
(2) Arrêt du 6 Avril 1675. Sentence du 20 Janvier 1675.
Autre Arrêt du 18 Mars 1712, au Journal des Audiences, tom. 6.

Ses lettres étoient remplies de témoignages d'affection, de promesses flatteuses de lui faire un sort heureux, & de la combler de richesses. La Suppliante donna dans le piege. M. le Maréchal lui fit meubler un appartement au Couvent de Sainte-Catherine à Poitiers : elle ne crut pouvoir décemment s'y transporter sans en prévenir son mari. L'alarme que cette nouvelle répandit dans sa famille, attira à M. le Maréchal les plus vifs reproches. Mais par son crédit, il fit, d'autorité, transférer la Suppliante au Couvent de Sainte-Catherine de Poitiers, où il lui rendit des visites, lui écrivit une multitude de lettres, la flattoit d'une fortune digne de sa naissance, & de lui faire un sort avantageux.

Quiconque connoît bien M. le Maréchal de Richelieu, sait qu'en certaines occasions il est riche en promesses. Cependant il a laissé la Suppliante à Poitiers dans la plus profonde misere, lui annonçant toujours des trésors invisibles ; enfin il lui marqua de déserter Poitiers pour se délivrer des importunités de ses créanciers.

La Suppliante vint à Paris au mois de Mars 1773, se logea au Couvent de la Miséricorde, à un troisieme étage ; elle y est restée pendant quinze jours sans autres alimens que du pain & de l'eau.

M. le Maréchal étant venu lui rendre visite, elle lui représenta que la tristesse de sa situation, & les dettes qu'elle avoit contractées, étoient son ouvrage ; elle le conjura de ne la pas laisser périr de faim ; que s'il n'avoit pas les sommes immenses qu'il lui avoit mille fois promifes verbalement, & par écrit, il lui donnât au moins quelques billets de crédit, qui la mît en état d'emprunter avec fûreté de rendre. M. le Maréchal lui donna un premier mandement de trois cens mille livres fur fon Banquier ; mais il étoit conçu dans des termes fi artificieux, que des Conseils firent comprendre à la Suppliante que ce n'étoit qu'un papier dérifoire. Il lui en donna un autre qui n'étoit pas plus régulier.

Elle s'adreffa à un Avocat dont la probité eft connue ; il lui rédigea fix billets au porteur, l'un de la même fomme de trois cens mille livres, & cinq autres où cette valeur étoit diftribuée en cinq parties de chacune 60000 liv. Elle envoya ces billets à M. le Maréchal, en lui laiffant le choix de figner le premier ou les cinq autres. Le paquet en fut porté à fon Hôtel, & le lendemain elle reçut, par un des Laquais de M. le Maréchal, trois des billets fignés, datés & approuvés, l'un de cent mille écus, & les deux autres de 60000 liv. chacun.

M. le Maréchal avoit fes vues en donnant toujours un billet de 3 60,000 liv. Il étoit affuré que la Suppliante ne pourroit pas le négocier ; il lui en avoit fait des défenfes effrayantes, en la menaçant de la perdre.

Au mois de Mars 1774, elle l'engagea à couper le billet de cent mille écus en dix autres de différentes fommes, dates & échéances. Il lui recommanda de n'en point parler, & de ne pas s'en deffaifir d'un an. Cependant il falloit vivre & payer des créanciers, dont les plaintes étoient continuelles ; elle négocia quatre de ces billes avec le plus de discrétion possible ; un cinquieme fut confié, sans sa participation, à quelqu'un qui le rendit public.

M. le Maréchal étant alors à Bordeaux, écrivit à la Suppliante pour lui reprocher qu'elle trafiquoit ses billets. Assurée que les quatre premiers ne seroient présentés qu'à leurs échéances, & ne sachant pas que le cinquieme étoit passé en différentes mains, elle fit réponse qu'elle étoit aussi étonnée que M. le Maréchal de ce qu'il lui apprenoit ; mais instruite que ses Intendans & Secrétaires publioient qu'elle avoit négocié des billets faux, elle écrivit à M. le Maréchal une seconde lettre, pour lui demander justice, en lui avouant que la nécessité l'avoit contrainte de se défaire de quelques-uns des billets, dont il ne savoit que trop les causes & la vérité.

M. le Maréchal, que la misere d'autrui ne touche pas, se crut offensé de ce que la Suppliante lui avoit manqué de parole. Il tint alors celle qu'il avoit donnée à la Suppliante, de la perdre si elle négocioit ses billets avant un an. En conséquence, & par voie d'autorité, il a fait enlever de force à la Suppliante & à huit autres personnes, tous les billets, lettres missives, papiers qu'ils avoient dans leurs maisons. Elle a été conduite à la Bastille, où elle est restée cinq jours. Sortie de ce Château, elle a été tenue quinze autres jours chez elle en chartre-privée sous la garde d'un nommé Dijon, Officier de Police.

M. le Maréchal, après avoir fabriqué une procédure extraordinaire, a rendu quatre plaintes au Châtelet, fait informer à Paris, Poitiers, Millau, & Montauban, en fuppofant pour corps de délit, que les douze billets qu'il a donnés à la Suppliante & dix-neuf lettres par lui écrites, ont été fauffement fabriqués.

La Suppliante, fur la procédure inftruite contre elle au Châtelet, fans l'approuver & fous les réferves les plus formelles, a préfenté fes moyens de juftification. Elle y a établi que fi jamais il étoit poffible que les billets du Maréchal de Richelieu & les lettres qu'il a argués de faux fuffent jugés tels, loin que M. le Maréchal ait convaincu la Suppliante qu'elle en foit l'auteur, il auroit au contraire prouvé que le délit fe feroit commis dans fon Hôtel.

Si la Caufe étoit aujourd'hui réduite à ce point de fait & de juftification, certainement fa défenfe feroit infiniment fimple; mais il eft des objets plus effentiels, qui portent à l'accufation intentée par M. le Maréchal de Richelieu, un coup bien plus violent & qui renverfent abfolument tous fes projets.

La plainte que la Suppliante va vous rendre en fubornation de plufieurs témoins, dont elle demande à faire preuve, donnera un nouveau jour à cette affaire; votre religion, Monfieur, en fera plus inftruite, & la Suppliante a cet avantage, que prefque tous les faits de fubornation font déja prouvés par les informations, addition d'information, interrogatoires , récolemens & confrontation qui font fous vos yeux.

Elle articulera des faits pofitifs ; & fi elle parvient à vous prouver en ce qui concerne la dépofition de Daumaing , de Beauchamp , fecond témoin de l'addition d'information , que ce qu'il foutient à préfent faux eft attefté par plufieurs témoins ; qu'il foit prouvé que M. le Maréchal l'ait retenu en prifon, quoique fa liberté fût accordée par ceux qui l'avoient fait emprifonner ; que pendant qu'il eft refté en chartre-privée au Fort-l'Evêque, M. le Maréchal ait payé fa dépenfe, & même au-delà de ce qu'il lui falloit pour vivre dans cette prifon ; que le fieur Marion, Intendant de M. le Maréchal, ait envoyé de l'argent à Daumaing ; que Clermont, fon Secrétaire, ait été le voir & conférer avec lui ; qu'il lui ait écrit une lettre pour l'engager à dépofer contre la Suppliante, & lui promettre qu'en le faifant, on auroit foin de lui : la fubornation ne peut être mieux démontrée.

Si vous daignez examiner & fa dépofition & fon récolement, vous y verrez qu'il dépofe qu'*il n'a jamais entendu parler de l'objet des plaintes de M. le Maréchal, que depuis qu'il en eft queftion dans le Public.* C'eft diffimuler qu'il avoit reconnu l'écriture & la fignature aux trois billets qui lui avoient été repréfentés. Le refte de fa dépofition étoit indifférent.

Les Gens d'affaires de M. le Maréchal ne l'ont pas payé pour ne rien dire. Ils ne lui avoient promis fa liberté qu'à condition qu'il dénieroit avoir reconnu la fignature de M. le Maréchal à trois de fes billets, quoique l'article 9 du titre 15 de l'Or-donnance de 1670, ne permette le récolement que des dépofitions qui font charge confidérable. Néan-moins le 7 Novembre il fut récolé, & gagna par ce moyen fon argent. *Il dit qu'il s'eft rappellé depuis fa dépofition*, » que fur la fin d'Août il a été au » Couvent de la Miféricorde deux ou trois fois » accompagné de Canron (Secrétaire de M. le » Maréchal); que la Dame de Saint-Vincent lui » dit une fois *qu'elle étoit défefpérée de ce que M.* » *le Maréchal l'abandonnoit, qu'elle manquoit de tout,* » *& ne pouvoit en avoir d'argent; qu'elle ne favoit* » *comment s'y prendre pour en avoir; mais que le fieur* » *Sube, fon Contrôleur, étoit venu chez elle, & lui* » *avoit diClé deux lettres fur lefquelles il lui avoit* » *recommandé le fecret, & s'étoit chargé de la réuffite* » *auprès de M. le Maréchal* » (donc la Suppliante ne favoit pas calquer). La crainte que le myftere de ces deux lettres ne fût découvert, & l'aveu du fieur Sube, lui ont attiré un décret d'ajournement perfonnel.

Vous verrez, Monfieur, que Domaing ajoute pour fecond fait, « que l'Abbé de Villeneuve dans la pre-» miere quinzaine qu'il a été au Fort-l'Evêque, lui » fit voir trois billets foufcrits du nom du Maréchal, » en lui demandant s'il ne reconnoiffoit pas par-» faitement la fignature de ce Seigneur; à quoi il » répondit, après les avoir examinés, que l'écriture

» des

;» des bons pour & les *signatures lui paroissoient à*
» *peu près semblables au caractere de* M. *le Maréchal;*
» *que néanmoins l'écriture étoit plus maigre.* » (Ce
raisonnement est du Clermont, que Mᵉ Dumoulin,
Notaire, a répété dans les mêmes termes). » *Que*
» *la lettre* R. *initiale du mot Richelieu, paroissoit*
» *avoir été retouchée, & n'étoit pas ordinaire à* M. *le*
» *Maréchal.* (Ceci est du Guillaume, Expert de
la Famille de M. le Maréchal); « qu'il a su depuis
» que l'Abbé de Villeneuve avoit voulu tirer avan-
» tage de ce qu'il lui avoit dit à ce sujet, *en an-*
» *nonçant qu'il avoit parfaitement reconnu l'écriture*
» *& la signature de* M. *le Maréchal, & qu'il étoit*
» *prêt de l'affirmer ; ce qui est faux,* lui ayant exac-
» tement fait l'observation dont il vient de rendre
» compte ».

En ce qui concerne la déposition de Mᵉ Dumoulin, Notaire, si les témoins que la Suppliante fera
entendre lui soutiennent en face qu'il a reconnu la
signature des billets, qu'il leur a attesté qu'elle étoit
véritable, la déposition de ce Notaire est fausse,
& son récolement plus que faux.

Si l'on parvient à prouver que l'on a tenté de
séduire le sieur Sube, Contrôleur de la Maison de
M. le Maréchal, que pour l'empêcher de déposer
qu'il avoit reconnu la signature, & enlever à la Suppliante un témoignage d'un grand poids, l'on a sol-
licité contre lui un décret.

Si l'on prouve que les Gens d'affaires de M. le

Maréchal ont offert à un homme d'honneur beaucoup d'or pour dépofer contre la Suppliante.

Qu'ils ont forcé un fieur Roquetaillade à dépofer dans l'information de Millau, & que ce témoin s'eft rétracté à la confrontation.

En ce qui concerne les Experts, fi l'on prouve que Paillaffon & Pothier font les éleves de Guillaume, & feulement fes prête-noms.

Que lorfqu'on s'eft arrêté à l'idée du faux prétendu fait par la Suppliante, l'on a cherché à Poitiers des témoins bénévoles qui dépofaffent que la Suppliante s'étoit exercée à calquer fur la vitre l'écriture de M. le Maréchal.

Que les fieurs Jeannau & Auvray ont été chargés d'acheter les témoins.

Qu'un fieur Guefvre, chargé de pareille commiffion, a fait plufieurs voyages à Châtellerault, à Poitiers, pour concerter avec le fieur Auvray les moyens de féduction.

Que la fille Auvray fut envoyée par fon pere au Couvent, afin de fonder celles des penfionnaires qui étoient renfermées pour déréglemens de mœurs, celles qui avoient l'efprit foible, ou qui étoient pauvres, afin de les gagner facilement.

Que cette fille Auvray a réchauffé la haine que deux femmes, féparées de leur mari, avoient conçue contre la Suppliante, & promis des récompenfes à d'autres ; que fon pere & Guefvre furent inftruire les témoins, & les animer à dire qu'elles avoient vu calquer fur une vitre.

Que cette fille Auvray a été choisie elle - même pour témoin, afin de dépofer comme un fieur Nerbonneau contre la Suppliante, & dire qu'elle avoit contrefait une lettre de la Prieure.

Que les femmes la Martiniere & Godiniere ont dépofé l'une comme l'autre ; ce qui fe vérifie par l'uniformité & les mêmes termes de leur dépofition.

Que plus d'un mois avant l'arrivée de l'information de Poitiers à Paris, les Gens d'affaires de M. le Maréchal publioient tout ce qu'elle contient.

Que, pour faire partir les femmes de Poitiers, Auvray & Guefvre, ou l'un d'eux, les eft allé prendre au Couvent de Sainte-Catherine, les a conduites à l'Auberge des trois Piliers, s'eft renfermé avec elles, & les a le lendemain accompagnées jufqu'à Châtellerault.

Qu'Auvray & Guefvre ont été chargés de payer les dépenfes de ces femmes, & les frais de leur voyage.

Qu'Auvray, fa femme & fa fille, font partis quelques jours après aux dépens du Maréchal, & qu'arrivés à Paris, la Martiniere, Godiniere & Metayer, ont été conduites, de l'ordre de M. le Maréchal, à l'Hôtel de Château-Vieux, où leur nourriture & dépenfes font à fes frais.

Que les Gens d'affaires de M. le Maréchal leur rendent des vifites fréquentes, & les entretiennent dans la réfolution de dépofer des impoftures.

Enfin, fi vous voulez vous en convaincre par vousmême, Monfieur, examinez le concert frauduleux des Gens attachés à M. le Maréchal, qui ont dépolé dans l'information, addition d'information à Paris; vous y verrez que les dépolitions font dictées par la même perfonne; vous verrez, fur les informations de Poitiers, la même chofe; vous verrez, en lifant les confrontations, que les femmes la Martiniere, de la Godiniere & Metayer, *dépofent avoir vu la Suppliante tranfcrire derriere la vitre fur un papier mis à l'envers.* Quand on leur repréfente que c'eft chofe phyfiquement impoffible, elles répondent *que c'eft le Juge de Poitiers qui a arrangé cela à fa fantaifie.*

On interpelle l'une de déclarer en quel tems elle a vu écrire derriere la vitre.

Elle répond, lorfque la Suppliante *avoit mal à une jambe,* & qu'elle étoit dans fon lit.

De quel endroit elle a vu?

Rép. *D'une terraffe* de laquelle il eft impoffible de voir ce qui fe paffe dans la chambre que la Suppliante occupoit.

Sur la repréfentation que l'on lui fait d'une lettre de M. le Maréchal, *elle ne reconnoît pas l'écriture.* Cependant elle dépofe *avoir vu plufieurs fois contrefaire l'écriture du Maréchal.*

La femme la Godiniere, qui attendoit fa compagne, ayant appris qu'elle s'étoit trouvée embarraffée fur la repréfentation d'une lettre dont elle ne connoiffoit pas l'écriture, déclare *qu'elle la reconnoît.*

Elle eût sûrement tenu le même langage, fi l'on lui en eût repréfenté une écriture différente.

Si l'on prouve que M. le Maréchal n'a eu la précaution de faire entendre tous ſes domeſtiques, que dans l'eſpérance que la Suppliante ne s'en ſerviroit pas contre lui comme de témoins néceſſaires, dont les uns ont remis les paquets qu'elle envoyoit, les autres ont vu écrire & ſigner les billets & lettres argués de faux, les autres les ont reportés par ſes ordres : & ſi l'on prouve que quelques-uns d'eux ont avoué en confidence, à des perſonnes dignes de foi, qu'ils ſavoient bien que M. le Maréchal avoit tort; qu'il les avoit forcés de dépoſer comme ils ont fait, en leur promettant de les protéger ſi on les attaquoit.

Enfin; Monſieur, vous tirerez des plainte, information, addition d'information, interrogatoire, récolement & confrontation, toutes les lumieres les plus convaincantes ſur la ſubornation & manœuvres pratiquées dans cette étonnante affaire; & la Suppliante eſt en état de vous adminiſtrer la preuve la plus complette des faits de ſubornation, dont elle vient de donner une idée ſuccinſte. Et pour vous les mettre ſous les yeux dans un ordre certain, elle articule, met en fait, & offre de faire preuve tant par titres que par témoins,

Premiérement, en ce qui concerne la ſéduſtion de Joſeph-Martial Daumaing, ou Doumain de Beauchamp, deuxieme témoin de l'addition d'information faite à Paris :

1°. Que cet ancien Secrétaire de M. le Maréchal, qui connoît parfaitement ſon écriture & ſignature, ayant examiné trois de ſes billets que lui préſenta l'Abbé de Villeneuve, il atteſta, en préſence de plufieurs témoins, que c'étoit fa véritable fignature, & que l'écriture des *bons pour* étoit de la main de M. le Maréchal.

Second fait. 2°. Que M. le Maréchal, inftruit de ce fait & que Doumain qui étoit au Fort-l'Evêque avoit obtenu fa liberté, l'y a fait retenir de fon autorité, fans autre prétexte que d'empêcher Doumain de dépofer en faveur de la Suppliante, & à l'effet de le contraindre, par promeffes cu par menaces, à nier qu'il eût reconnu la fincérité des trois billets, & la vérité des écritures & fignatures de M. le Maréchal.

Troifieme fait. 3°. Que pendant que M. le Maréchal s'oppofoit fans droit à la fortie de Doumain du Fort-l'Evêque, le fieur Clermont, fon Secrétaire, lui écrivit une lettre par laquelle il lui marquoit *qu'il ne devoit pas fe faire beaucoup de peine de refter en prifon; que s'il vouloit tout dire on auroit foin de lui, & que ce ne feroit qu'à ce prix qu'il obtiendroit fa liberté;* que M. le Maréchal, inquiet de cette lettre, la renvoya chercher.

Quatrieme fait. 4°. Que pour prouver à Doumain qu'on lui tiendroit parole, M. le Maréchal payoit toute fa dépenfe au Fort-l'Evêque ; que des perfonnes ont été chez le fieur Marion fon Intendant, pour lui dire de faire paffer de l'argent à Doumain; qu'on fe plaigniot qu'il en dépenfoit trop , & qu'on lui en a toujours envoyé.

Cinquieme fait.
* Récolement de Clermont, vingt-quatrieme témoin de l'addition d'information.
5°. Que les Gens-d'affaires de M. le Maréchal ont été conférer avec lui dans la prifon; ce qui eft déja prouvé de leur propre aveu *. En conféquence de leurs conventions Doumain fut entendu dans l'addi-

tion d'information *. La Suppliante vous a ci-devant rendu compte de cette déposition , & de son récolement.

Secondement, en ce qui concerne Me Dumoulin, Notaire de M. le Maréchal, la Suppliante articule & met en fait :

1°. Que lorsque les billets cédés aux sieurs de Préville & Rubit, lui ont été représentés, il a reconnu sans restriction ni tergiversation, & attesté la signature véritable, *qu'il en a répondu comme de la sienne propre.*

2°. Que pour en convaincre ceux qui la présentoient, il a tiré de ses cartons plusieurs minutes ; qu'il en a comparé les signatures avec celles des billets ; qu'il a certifié que la barre au dessus étoit de la main de .M le Maréchal.

3°. Que ce n'est qu'après que les Gens-d'affaires de M. le Maréchal l'ont blâmé de cette reconnoissance, & ont concerté avec lui de l'affoiblir & d'en détourner les expressions, qu'il s'est déterminé à déposer dans l'addition d'information, comme Doumain à son récolement ; « *que l'écriture en étoit un peu* » *maigre* ; que celle de ses minutes *étoit plus nourrie* ; » qu'il présumoit que M. le Maréchal avoit fait celle » des billets à pied levé , avec une plume qui n'étoit » pas la sienne ».

La Suppliante offre de prouver que ces particularités sont fausses & n'ont été imaginées que depuis la reconnoissance formelle des billets sans équivoque & de la maniere la plus affirmative.

Quatrième fait.

4°. Que la déposition de Me Dumoulin, quoique défigurée, a été, par son récolement, tellement changée du blanc au noir, qu'il n'a pas craint d'ajouter qu'à l'aspect du corps d'écriture de M. le Maréchal, admis, *contre l'Ordonnance*, pour piece de comparaison, il reconnoît parfaitement les signatures de comparaison; & qu'à l'égard des écritures & signatures des billets & lettres arguées de faux, *l'inspection lui fait croire qu'elles sont fausses & faussement fabriquées, M. le Maréchal écrivant d'une main plus ferme & plus nourrie.* Expressions empruntées de l'Expert Guillaume, & de ses Eleves Paillasson & Pothier.

Troisieme subornation du sieur Sube. Premier fait.

Troisiémement, que pendant que l'on travailloit à changer les dépositions de Doumain & de Me Dumoulin, 1°. on a tenté de séduire le sieur Sube, Contrôleur de la maison de M. le Maréchal, pour l'engager également à désavouer la reconnoissance qu'il avoit faite au Palais-Royal en présence de plusieurs personnes, de la sincérité des écritures & signatures du billet que le sieur Dufour lui communiqua; que n'ayant pu ébranler sa probité, M. le Maréchal l'a congédié.

Second fait.

2°. Que pour empêcher le sieur Sube de déposer qu'il avoit reconnu la vérité de la signature qu'il compara & vérifia avec d'autres qu'il avoit dans sa poche, & d'expliquer les deux lettres que Doumain dépose que le sieur Sube avoit dictées à la Suppliante, de la réussite desquelles il s'étoit chargé, & pour enlever à la Suppliante un témoignage qui lui eût été

d'un

d'un grand fecours, M. le Maréchal a follicité & fait décerner contre le fieur Sube un décret d'ajourne-ment perfonnel, l'a congédié de fa maifon, & qu'il eft entré en celle de M. le Duc de Fronfac pour mieux s'affurer qu'il ne déclareroit pas toutes les par-ticularités dont il paroît inftruit.

Quatriémement, que les Gens-d'affaires de M. le Maréchal ont propofé à un homme d'honneur qui s'en eft plaint, de lui donner beaucoup d'or s'il vou-loit dépofer contre la Suppliante.

Quatrieme fu-bornation.

Cinquiémement, que les Gens-d'affaires de M. le Maréchal, qui connoiffoient le peu de délicateffe du fieur Roquetaillade, l'ont engagé à dépofer, dans une information faite à Millau, des impoftures qu'il a été forcé de rétracter à la confrontation.

Cinquieme fu-bornation du fieur Roquetail-lade.

Sixiémement, en ce qui concerne les Experts, la Suppliante articule & met en fait :

Sixieme fubor-nation des Ex-perts.

1°. Que Guillaume & Paillaffon, Ecrivains totale-ment dévoués à la famille de M. le Maréchal, nommés Experts dans l'affaire de Rennes, qui l'ont été avec Liverloz pendant que la Suppliante étoit à la Baftille, ont continué au Châtelet de faire l'examen des pieces arguées de faux & de comparaifon; que M. le Maré-chal n'a pas diffimulé qu'ils étoient encore fes Ex-perts au Châtelet.

2°. Que Paillaffon & Potier, Eleves de Guillaume, n'ont été que des prête-noms qui n'ont fait que co-pier, dans leurs prétendues dépofitions, l'ouvrage de Guillaume ; ce que l'on remarque aifément par la conformité de ftyle & des obfervations ridicules fur

C

la reſſemblance des lettres & des points ſur les *i*, qui n'eſt qu'une répétition de ce que l'on avoit imaginé à Rennes & Saint-Malo ſur une pareille opération de Guillaume.

Septiémement, la Suppliante articule que l'idée ſuggérée à Guillaume & à ſes Adjoints, que les douze billets & dix-neuf lettres argués de faux, ont été calqués ſur la vitre, eſt d'autant plus ſuſpecte, qu'on a feint d'en ſoupçonner différentes perſonnes avant d'en accuſer la Suppliante.

Que lorſque l'on s'en eſt tenu à ce dernier parti, les Gens-d'affaries ont envoyé à Poitiers les prétendues dépoſitions de Paillaſſon & Potier, pour chercher, payer & ſolder des témoins hardis, qui dépoſaſſent que la Suppliante s'étoit exercée à calquer ſur la vitre l'écriture de M. le Maréchal.

1°. Que les ordres d'acheter des témoins ont été confiés au ſieur Jeannan, auquel M. le Maréchal a fait donner la Recette du Grenier à ſel de Châtellerault, comme étant le fils de ſon Sénéchal de Richelieu ; au ſieur Gueſvre, Contrôleur du même Grenier à ſel ; & au ſieur Auvray, Secrétaire de l'Intendant de Poitiers, Agent des affaires de M. le Maréchal en Province.

2°. Que le ſieur Gueſvre, chargé de cette commiſſion, a fait pluſieurs voyages en poſte de Châtellerault à Poitiers, pour concerter avec le ſieur Auvray le moyen de ſéduire des témoins.

3°. Que la fille du ſieur Auvray, qui avoit ſes entrées au Couvent de Sainte-Catherine, fut envoyée

par son pere, à fin de sonder celles des Pension-
naires qui étoient renfermées dans ce Couvent pour
déréglement de mœurs, ou les personnes foibles,
ou dans la pauvreté, que l'on pourroit facilement
gagner.

4°. Que cette Demoiselle Auvray ayant réchauf- *Quatrieme fait.*
fée la haine que deux femmes séparées de leurs ma-
ris avoient conçue contre la Suppliante, & promis
des récompenses à d'autres, son pere & le sieur Guesvre furent instruire ces témoins & les fortifier dans
la résolution d'attester qu'elles avoient vu la Suppliante transcrire des papiers sur une vitre.

5°. Que la Demoiselle Auvray a été elle-même *Cinquieme fait.*
choisie pour témoin, avec un sieur Nerbonneau, Mar-
chand, afin de déposer l'un comme l'autre, que la
Suppliante avoit contrefait une lettre de la Prieure
pour obtenir le crédit d'une robe ; lettre qui n'existe
pas, désavouée par le silence de la Prieure, & celui
de Nerbonneau lui-même qui déclare n'avoir parlé
de la prétendue lettre qu'à la Demoiselle des Sables
qu'on n'a osé faire entendre, au lieu que la Demoiselle Auvray suppose avoir vu le sieur Nerbonneau
en conférer avec la Prieure.

6°. Que les Dames de la Martiniere & Godiniere *Sixieme fait.*
renfermées pour faits graves, ennemies déclarées de
la Suppliante, ont déposé sur le même modele qui
leur avoit été donné pour l'apprendre par cœur; ce
que l'on voit par l'uniformité & les mêmes termes de
leurs dépositions.

7°. Que plus d'un mois avant que cette prétendue *Septieme fait.*

information de Poitiers fût arrivée à Paris, les Gens-
d'affaires de M. le Maréchal publioient tout ce qu'elle
contient.

Huitieme fait. 8°. Que pour faire partir les Dames de la Godiniere, de la Martiniere & Metayer, les sieurs Auvray & Guesvre, ou l'un d'eux, les furent prendre
au Couvent de Sainte-Catherine, les conduisirent à
l'Auberge des trois Piliers; Guesvre se renferma
avec elles, & les accompagna le lendemain jusqu'à
Châtellerault.

Neuvieme fait. 9°. Que les sieurs Auvray & Guesvre ont été
chargés de payer les dépenses de ces femmes à l'Auberge, & les frais de leur voyage à la Messagerie;
ce qui a été exécuté.

Dixieme fait. 10°. Que le sieur Auvray, sa femme & sa fille
font partis quelques jours après aux dépens de M. le
Maréchal; & qu'étant arrivés à Paris peu de jours
après, les trois femmes ont été conduites, de l'ordre
de M. le Maréchal ou ses Gens-d'affaires, à l'Hôtel
de Château-Vieux, rue Saint-André-des-Arts, où
leurs nourriture & dépense font aux frais de M. le
Maréchal.

Onzieme fait. 11°. Que depuis leur arrivée à Paris les Gens-
d'affaires de M. le Maréchal leur rendent des visites
& les entretiennent dans la résolution de déposer des
impostures contre la Suppliante, & notamment que
le sieur Clermont, Secrétaire de M. le Maréchal, y
est allé plusieurs fois.

Douzieme fait. 12°. Enfin la Suppliante articule avec assurance
que les confrontations des témoins de Poitiers ser-

vent de preuve de la fauffeté de leurs dépofitions, & conféquemment de la fubornation.

Huitiémement, la Suppliante articule que tous les Domeftiques de M. le Maréchal n'ont été entendus dans l'addition d'information, que par la crainte que la Suppliante ne les fît affigner comme témoins néceffaires, ayant connoiffance perfonnelle que les billets & lettres font de la main de M. le Maréchal, ou que s'ils n'en font pas, il les a fait écrire, approuver & figner par des perfonnes de fon Hôtel, dont il fe fert pour des engagemens qu'il peut enfuite défavouer ; que les uns ont remis les paquets de la Suppliante à M. le Maréchal ; d'autres ont reporté les fiens à la Suppliante ; que quelques-uns ont déclaré qu'il avoit tort, & qu'ils ont été forcés par des Quidams à dépofer comme ils ont fait. *Huitieme fubornation domeftique.*

Tous les faits ci-deffus bien établis, & fous les réferves les plus formelles de fe pourvoir contre la drocédure faite contre la Suppliante par la voie de nullité, & fans entendre y préjudicier en aucune maniere, elle attend avec fécurité l'adjudication des conclufions qu'elle va prendre ; & c'eft pourquoi elle a été confeillée de vous donner la préfente Requête.

CE CONSIDÉRÉ, MONSIEUR, il vous plaife donner acte à la Suppliante, 1°. de ce que pour exceptions péremptoires, elle emploie le contenu en la préfente Requête, fans aucunement préjudicier à fes Moyens de défenfes & de nullité. 2°. De la plainte qu'elle vous rend par la préfente Requête, contre les Quidams auteurs de la fubornation & de la fauf-feté des dépofitions des témoins ci-deffus nommés, leurs fauteurs, complices & adhérens; en conféquen-ce permettre à la Suppliante de faire preuve tant par titres que par témoins, de tous les faits qu'elle vient d'articuler, & des autres y rélatifs qu'elle pourra dé-couvrir par la fuite, circonftances & dépendances: favoir, à Paris, pardevant vous, MONSIEUR, ou telle autre perfonne qu'il vous plaira commettre à cet effet ; & à Poitiers & Millau, pardevant d'autres Juges que ceux qui ont entendu les témoins fubor-nés ; & dans les autres villes, pardevant les Lieute-nans-Criminels, ou en leur abfence ou légitime em-pêchement, par le plus ancien Officier du Siége, fuivant l'ordre du tableau, à tous lefquels Juges re-quis, Commiffion rogatoire fera à cet effet adreffée & envoyée ; comme auffi permettre, à l'effet defdites informations, d'obtenir & faire publier monitoire par-tout où befoin fera, pour, les informations faites à vous rapportées, & communiquées à Monfieur le Procureur du Roi, dont la Suppliante requiert la jonction, être par vous décerné tels décrets qu'il appartiendra, & par la Suppliante pris enfuite telles conclufions que de droit: le tout fans préjudicier à la Suppliante de fes autres droits & actions : Et vous ferez juftice. *Signé*, VENCE DE SAINT-VINCENT.

DE BRUGE, Procureur.

De l'Imprimerie de L. CELLOT, rue Dauphine, 1775.

www.ingramcontent.com/pod-product-compliance
Lightning Source LLC
LaVergne TN
LVHW020641180726
843502LV00006B/2167